>> Schmeicheleien lieben nicht, sie riechen lediglich nach Trug und x-beinigem Gehabe.
Und Erschöpfung. <<

Laurids Anders, 1959 in Berlin geboren, verbrachte seine Jugendjahre in Siegen/ Westfalen. Er studierte in Freiburg Medizin und ist seit 1989 in einem Hamburger Krankenhaus als Arzt tätig.

LAURIDS ANDERS

LYRIX !

Vornehmlich Gedichte

Lyrix ! Vornehmlich Gedichte
© Laurids Anders. 2013
Umschlagsgestaltung und Gestaltung:
Laurids Anders
1. Auflage

www.laurids-anders.de

Herstellung und Verlag: BoD – Books on Demand
Alle Rechte vorbehalten
ISBN: 978-3-7322-5072-1

Von Laurids Anders bisher erschienen:

Südenglands Ende, Reiseerzählung
© Laurids Anders, 2012
ISBN: 978-3-8482-2608 -5

1. Teil

Ausgang	10
Muse	12
Aufgeblickt	14
Zeit genug	18
Gesagt	20
Vorurteilen	22
Geburtstag	24
Damals Kleinsein	26
Nachtmeer	28
Ausfahrt	30
Wetterabend	34
Ahnung	36
Allsein	40
Angst	42
Der Name	44
Woanders	46
Fenstergucker	50
Lyrix stoppt.	52
Zeitgleich	54
Langsam liest	58
Aufbruch	60
Fieberschlaf	62
Mut	64

Zurücklassen	66
Liebe	68

2. Teil

Lyrix' einholende Gedanken	70
Kaltkram	72
Vom 10.12.2012 wiedergefunden	74
Landschafts Ruhe	76
Descartes	78
Lebenslauf	80
Erde	82
Nichts	84
Mikrokosmos	86
Schneeflöckchen	90
Erwachen	92
Mittendrin	94
Mittendraußen	96
Mitte zum Dritten	98
Der Knall	102
Wärme	104
Nachklang	106
Ausklang	108
Appendix 1	110
Appendix 2	112
Appendix 3	114

05.10.2012

Glaubst du, dass Amseln über dich reden?
Nein? - Doch, sie tun das.

Sie sitzen auf den Dachfirsten oder in Bäumen, und wenn man genau hinhört, zwitschern sie nicht über jeden.

Sie haben ein Gespräch, abends, im Dunkelnass, dann, wenn der Regen aufhört zu Plitschern.

Ein lautes Twuitsch-Zita. Slang-slang Oik tschaza wartet kurz auf Antwort.

Ganz fern höre ich die gleiche Melodie.

Sag ich doch - Amseln erzählen von dir.

1. Teil

Ausgang

25.11.2012

Der Herbst stürmt eindringlich unter den Jackenstoff. Ich ziehe die schwarze Strickmütze aus der rechten Seitentasche in der Hoffnung auf warme Ohren, und meine Hände streifen sie rasch über den kaumbehaarten Schädel.

Pfützen schimmern dunkles Grau des frühen Abends wider. Spiegelbilder des Himmels auf dem Straßenteer.

In den Eingangsfluchten links und rechts raschelt der Wind die Eichblätter kreiselrund. Eilig blickt das Schrittgeklacker auf rote Häuserziegel. Und dicke Wolkenfetzen breiten unablässig ihr Wetter über die laubleeren Bäume aus.

Ein "Holla" ruft der Schatten links. Beine rückgestreckt, und Knickekehle vorne formt sich das Unerwartete zu einem Reiher. "Na, wenn das mal gut geht!", sucht er sich keck die Lücken zwischen Astgerippen.

Am Abzweig sagt der Wald ein "Bitteschön" und legt mir seine Seele orangebraun vor die Füße. Ich trete artig ein und darf die Schuhe anbehalten.
Ganz leise setzen sie auf Wattewegen einen vor den anderen.

Die Luft ist nicht mehr ganz so mürrisch hier. Aufrauschen mal, dann Platschen. Patsch: Es sind die Blätter, die nach der Böe auf den Boden prallen, wie Regentropfen.

Muse

26.11.2012

Wer küsst morgens meine Muse wach?
Ich weiß das nicht - und müsste doch eigentlich.

Das Lachen für den Tag,
die Ruhe der Erinnerung an gestern.

Meine Muse hat keine Sorgen.
Sie ist woanders, hat immer irgendwo ein Alibi.

Manchmal sehe ich sie,
das ist dann besonders schön.

In der Stadt zum Beispiel, und sie winkt von der anderen Straßenseite herüber.

Auf dem abgemähten Feld, hinter der nächsten Kurve.

Beim Klönschnack, unbekannt auf Du. Lachen jetzt am Stehtisch vor den Kaffeetassen.

Wenn die Muse aufsteht, flüstert sie mir Kichererbsen in mein Ohr. Ich kratze mich und muss sie machen lassen.

Meine Muse begleitet mich hin und wieder durch die schnellen Felder, wie neulich am Lauerabend.

Ich setze den Blinker hinterm Tor links fürs Maisfeld und weiß: Sie liebt die verborgenen Straßen und engen Gassen.

Im Hinterblick steht die Maschine schräg auf dem Seitenständer, und weite Kreise schieben schnelle Wolken drüber.

Ja - die Muse, die ich niemals küssen darf, ist oft woanders - aber genau so oft bei mir.

Aufgeblickt

28.11.2012

"Moin" unter der Ohrenwärmermütze. Der ist neu. Stiefel mit Pelzkragen. Ein Euro im Nebelabend steckt die Zeitung in meine Manteltasche.

Mit wagenklackerndem Geruckel summt die braune Tür nach innen. Und ein 'Ich brauch nicht viel' schiebt Wärme vor die Auslagen mit Weihnachtsgaben.

Ärmliche Liebe zwischen allem rotgoldenen Glitzertum. Stiller Disklang abseits glühweinrauchiger Gelage. Klimaluft rauscht. Und Leute ackern sich durch die Regale.

Ein 'Uhps' klötert mit einem Mal Wasserflaschen zu einer Sprudelpfütze. Die ‚Ungeschickte' dreht sich um und bückt sich um den rollenden Rest. Ich hebe ein Plastikding auf, und sie nimmt es zurück in die Auslage mit einem Dankeschön.

Eingeschweißte Brote. Rote Beete, Kartoffeln und Zwiebeln links. Am Kühlkabinett vorbei zum Klopapier. Küchentücher! Ich ziehe an der prima Qualität und wollte doch nur ein Paket.

Ungeschickt sieht sie mich an. Ich stapel die Viererrollen vom Boden wieder oben auf. Vages Lächeln im Zwinkerblick.

Die Kassenschlange ist eine Traube. Unruhiges Geruckel vor mir will Erster sein. Langsam. Vor. Langsamkeit mit Ahnung für Ungeduld.

Waren legen vorne wieder, ruckeln Stopp. Tackklack. Start und Stopp rollt sich das Band.

Endlos.

Die Wagen schlagen unschuldiges Stück-für-Stück im demütigen Taperschritt. Zuckelband. Und Halt bleibt wieder stehen.

Spitze Finger suchen Centmünzen in riesigen Geldbörsen. Nein - zwei Cent zu viel. Ja. Danke - wird vorne alles gut.

So. Die letzten Stücke hecheln ihren Platz in meine Tasche, und der Plastikknüppel schnellt der Rückwärtsschiene einen fremden Gruß nach hinten.

Plastikgeld und Codeeingabe. Der Ausgang stöhnt elektrisch.

Draußenkalt. Wagenrasseln, hinterklappig in die anderen für meinen Euro. Dann sucht mein Blick noch mal nach rechts ins Weihnachtsrot und findet sie durchs Fensterglas, hinterm Absperrgitter (die hätte sich ja eigentlich noch einmal umdrehen können, oder?).

Zeit genug

30.11.2012

36.500 Tage wäre ich an meinem 99. Geburtstag geworden. O.k. - da kommen noch 25 Schalttage hinzu. Aber die spielen keine Rolle.

Das Tolle am Älterwerden ist, dass es einem nicht gelingt, seine Tage zu verwalten. Die sind einfach da.

Der Morgen zielt geradewegs auf den Abend zu, der Montag auf das Wochenende. Ich wundere mich jetzt über den letzten Herbst, über die Dauer eines hundertstel vom nichterreichten Sein.

Das klingt nach viel, und ich weiß mich mittlerweile bei den Alten. Die haben abgezählt, lächeln über junge Weisheiten und die gequälten Geister mancher Überheblichkeit. Missachtung grämt dann hin und wieder den Klugscheißer unter uns (recht so!).

Wie auch immer.

Jeden Morgen wieder wabbern Lebenslichter in mir auf. Kleine Flamme weiß kaum, wer ich bin und führt mich aus der Nacht an den Griff des Wassertopfs für Kaffee.

Dann klopft manchmal das zweite Ich auf meine Schulter und fragt mich beiläufig, was ich denn da eigentlich tu.

Altwerden.

Gesagt

30.11.2012

Menschengeflüster.
Schön wer das hat, wer immer wieder
seinem Nächsten tuschelt.

Dann keift Ekelgelüster
blöde Eifersucht,
Neid mit Dummheit.

Aus!

Auf Meinungsebene
suchen Ansichten
Zubehör und finden Respekt.

Und Emotionen
schildern nochmal krass,
kochen Bilder heiß mit Schwarz auf Weiß,
und erlauben dem Pendel keine Ruhe.

Kokolores grient - lass gut sein!
Ich traue dem Frieden und höre zu.

Vorurteilen

01.12.2012

Das Wesen des Gesprächs teilt Gedanken.

Das Gehörte tropft mit jedem Wort Farbe auf ein Bild von Gefühltem und unscheinbar Tatsächlichem. Aufmerksamkeit betupft meine Leinwand, wischt feuchte Farben ins Gehörte mit neuen Klecksen, und die grauen Schemen von eben bekommen ein sonnenfarbenes Gelb.

Zuweilen erscheinen dunkle Gestalten in dem Gemälde. Lauern vor den Brücken der Entscheidung mit Hut und Mantel auf. (Der Autor mag die am liebsten, die ihr Messer zwischen den Zähnen tragen)

Gespräche schaffen Momente, die in Erinnerungen von Farbeimern des Erlebten rühren. Bei denen sich Ideen langsam in Paletten kristallisieren, die - ungemalt noch - nach Ausdruck suchen und Sätze bisweilen sprachlos machen.

Und immer unfertig. Eine Meinung wie eine Idee. Ein Muster, ein ungeprüftes Urteil. Aber dann doch hastig auf blasser Skizze drauflos gezeichnet.

Gemalte Meinungsfindung, in Schubladen verstaut. Wieder hervorgezogen und neu koloriert. Und selbst altverharzte Pinselstriche finden einen neuen Ausdruck.

Es sind die Muster, die meine Assoziationen verwalten und mich verstehen machen, mein Denken in ORDNUNG finden. Und wenn ich unordentlich denke, bin ich ein Schelm und freue mich.

(Vorurteile sind so lange gut, wie sie Bilder der Äußerlichkeit sind, ohne in Stein gemeißelt zu sein)

Geburtstag

09.12.2012

Geburtstage sagen Wahrheit. Sie
schmeicheln. Sind Schönheiten.

Eitelkeiten. Reichlich ausstaffiert, ein
Ereignis zum Reingebissenwerden.

Meine Hände liegen weich in Deinen. Augen schweifen für die Blumen (Veilchen?), greifen Deine Taille hinterrücks für einen Kuss, Rotflattermorgenmantel im Bäderblau. Ich bin gleich wieder da.

(Sie wartet. Wartet sie?)

Schnee und Raureif tauen über Dielen, mit schlanken Kerzen im Wintergrau überm Frühstückstisch. Heißen 'Alles' und 'Gute'. (Blüten baden nebenan in einer Vase.)

Wir warten, blicken kurz und setzen uns in feierlicher Art und Weise.

Ehrlichkeiten werfen keine Schatten voraus -
und eitel verzieht sich die Schmeichelsau.

"Herzlichen Glückwunsch zum Geburtstag!"

Damals Kleinsein

10.12.2012

Erinnere Dich an den Schnee.
Das Gesicht im Weiß, und
die Zunge draußen.

Ein wenig enttäuscht schmeckt
Schnee nach nichts.
Macht nix.

Im Viergang suchen die
Handschuhhände Halt zum
Aufstehen.

Und ein Stiefel rutscht sich
einfach weg. Und wieder
liege ich.

Die Kleiderwurst. Ich will
mich auf den Bauch drehen.
Und sie lässt mich nicht.

Füße schlagen, mit
Armen auf den Boden.
Und 'Hoch' will Ungeduld.

Ich rutsche, und mein Kieksen
streckt mich in der Drehung lang.

Noch einmal Viere gemacht
ziehe ich die Knie
zu den Ellenbogen vor.

Der Handschuh greift den
Bodenzweig. Mein Aufstehen
schwankt.

Stolz schreie ich ein 'Mama',
'Papa'. ‚HIER bin ich!'

Im Schnee!

Nachtmeer

10.12.2012

Schlaf wellt sich.
Schlaf ist eine Dünenlandschaft.

Sie flickert Blicke über das Meer ohne einen Halt im Halbkreis des Horizonts.

Sie schwebt im trockenen Gras nach
Salz und leeren Muschelschalen.

Schlaf sucht.

Sie sammelt sich zu einem Vogel.
Legt ihre Flügel über mich, walkt Milch aus meinem Herzen.

Möwen rufen die Gedanken unnötig wach, und ich drehe mich zur Seite im Schwarz.

Was lebt im Getuschel, gammelt in der Hocke und glotzt mich an?

Ich kann der Geduld keinen Zwang antun.

Das Dünenland zieht seine Flügel ein. Nimmt meine Träume unter seine Fittiche und legt sich endlich an meine Seite.

Ausfahrt

11.12.2012

Schwarze Flickennetze links oben. Kalte Dämmerung. Mein Blick stiert im Nackengriff durch die Fensterscheiben nach draußen.

Unruhe legt das Buch aufs Sofa. Weilt. Was soll ich tun? Soll ich? Jetzt? Bald ist es dunkel.

Ich sehe den Schlüssel im Schloss vor dem Lenker, fühle das Rascheln der Hose, die über die Jeans streift, die Träger über den Schultern.

Die Straßen werden feucht sein, glitschig. Zwei Grad. Jetzt raus? Was ist drin, hier?
Ungeduld.

Mummelmann mit Maske schließt die Eingangstür hinter sich mit Helmgebaumel am Handgelenk.

Und Kies knirscht vorsichtig unterm Hinterreifen mit 2000 Touren nach links. Herbstlich eifersüchtelt sich die Grauigkeit über meine angehalfterte Gestalt.

Der Straßenglitsch fährt langsam zwischen Knicks vom Dorf zum andern. Einspurige Wege ohne Gegenverkehr. Motorsummseln im Griff der dicken Handschuhe. "Schön das!", grinse ich in den Wind.

40 Kmh flattern kalt unter meine Jacke, und Kuhmist spritzt dem kleinen Weg die Auspufftöpfe hoch.

Ich bremse am Abzweig nach links.

Behutsam rutscht das Hinterrad auf dem kalten Pflaster dem späten Wolkenbrand entgegen. Abgeschnittener Baldachin halbvorn. Aber flach liebäugelt das Sonnenauge am Horizont und will mich.

Und dann doch leichtes Schneegeflimmer, und der Nachmittag zieht seine Dämmerjalousien jäh vors Himmelsfenster.

Der linke Handschuh wischt jetzt öfters übers Visier. Dann lässt das Gestöber nach, und die roten Autos hecken ihre Lichter sonstwo in die Ferne.

Mein Hintern sitzt warm im Steiß. Der Rücken legt sich angenehm ins Hohlkreuz.

Mit Beinen an den Tank geschmiegt bekrümmern Arme ihren Halt bei 120 jetzt.

Und allmählich wirds kalt, mit dunklen Kurven, die vorsichtig den Weg nach Hause schalten.
Schnee wischt abermals am Helm. "Jetzt ist dann aber auch genug" frieren die Fingerkuppen für die letzten 20 Kilometer.

Wetterabend

(...nichts beginnt mit 'irgendwie')

12.12.2012

Irgendwo im westlichen Süden trifft die Sonne die späten Abendwolken mit Mogellicht, bis hoch zum Nordhimmel.

Die Schneelandschaft ist ein wohlausgeleuchtetes Bühnenbild ohne Akteure, mit wattenem Schimmergelb.

Stiefel knirschen im Hof vor den Tisch unter die Birke, und das Tauwetter tropft eine Seelandschaft mit Pocken. Sonntag, zweiter Advent.

Klackfeuer raucht die zweite Zigarette.
Meisenringe hören den Regenwind über den feuchten Dünen aus Schnee. Roggenkörner in Vogelfett. Am Boden sind sie Amsels Wonne, geschickt gepickt.

Der Dezemberwind gafft durch alle Ritzen. Ich schüttel die Kälte unter mich und gehe ungelenk ins Haus zurück.

35

Ahnung

14.12.2012

Prosa lyrikt die Gedanken sonstwo hin.
Wie geht es weiter? Was ist der Plan?

Unvermeidbar: Philosophisches.
Dann Raum und Zeit? - Ja - !.

Da lauern Ideen, die ihre Pranken
noch nicht ausgefahren haben.

Ungeordnete Bahnen, die eine Leiter suchen
und aus den Fugen des Eingemachten springen.

"Spinoza", sucht das Ich - ganz weit weg.
Stiert in den Hof und lacht.

(Verwirrt stellt der Autor sein Schreiben ein und
sucht erstmal im Internet...

Demut ist eine Trauer, die daraus entspringt, dass der Mensch seine Ohnmacht betrachtet. Insofern aber der Mensch sich selbst durch die wahre Vernunft erkennt, insofern wird vorausgesetzt dass er seine Wesenheit erkennt, das heisst seine Kraft. Wenn der Mensch also, während er sich selbst betrachtet, irgend eine Ohnmacht an sich Wahrnimmt, so kommt das nicht daher, dass er sich erkennt, sondern daher, dass seine Wirkungskraft gehemmt wird. Wenn wir andererseits voraussetzen, dass der Mensch seine Ohnmacht dadurch begreift, dass der eine grössere Macht als die seine erkennt, durch deren Erkenntnis er seine Wirkungskraft bestimmt, dann nehmen wir nichts anderes an, als dass der Mensch sich selbst deutlich erkennt oder dass seine Wirkungskraft gefördert wird. Mithin entspringt die Demut oder die Trauer, die daraus entspringt, dass der Mensch seine Ohnmacht betrachtet, nicht aus der wahren Betrachtung oder aus der Vernunft; und sie ist keine Tugend, sondern eine Leidenschaft.

Spinoza, Ethik 4. Teil. Lehrsatz 53-55)

Nochmal gelesen und ganz knapp auf meinen Punkt gebracht:
„Demut ist keine Tugend, vielmehr eine Trauer, die aus der Ohnmacht entspringt."

Wow! Die Erkenntnis ist 350 Jahre alt. Alle Achtung! Und weiter verstehe ich Etwas wie:

„Wille und Verstand sind ein und dasselbe".
Kaum wundervoller zu beschreiben!

Ich will, also bin ich, hallt meine Einsicht leidenschaftlich in den Winter.

Nein. Nicht so laut. Weil - wenn der Wille
nach vorne schaut, weiß der Verstand,
was gewesen war.

Allsein

17.12.2012

Gedanken purzeln in die Ideen des vergangen Mein. Baruch de Spinoza trennt sein inneres Sein von einem äußeren, wahrhaften, das sich in seiner Vollkommenheit nur erahnen lässt.

Die Vollkommenheit sei göttlich.
Und zugleich irreal, da kein Verstand ausweichen kann, um sie zu betrachten. Sie sei gefangen in sich selbst. Wie mitgehangen.

Die Vollkommenheit sehen zu wollen
sei der Unerfahrenheit des Geists zu Schulden (oder zu zollen), welche jedes denkende Wesen, wie ungeduldig es immer sein mag, als ignorant - oder schlimmer noch - als lautstark arrogant entlarvt.

(Der Autor war sehr frei in der Auslegung von Spinozas Ideen, hat sie aber aufs Heftigste zu seinem Spiegel gemacht)

Angst

20.12.2012

„Demut ist keine Tugend, sie ist eine
Trauer, die aus der Ohnmacht entspringt."

Genausogut kann Demut eine Mauer sein,
an deren Fuß die
bettelnden Sehenden mit
Hohn bedacht und verlacht und
verspottet werden.

Und oben wacht er (der Hohn)
mit
blutig blitzender Klinge,
bereit,
ohne Zögern
jeden
klugen
Augenblick
zu erstechen.

Demut trauert aus Machtlosigkeit,
mit der vermeintlichen Vorgabe, ein
hohes Gut zu sein.
Demut braucht
Freiheit, um die eigene
Unvollkommenheit
erkennen zu können.

Der Name

21.12.2012

In allem Inneren liegt Gott.
Durch alles Äußere offenbart er sich.

Ich könnte Rotz und Wasser heulen ob der
scheußlichen Zweisamkeiten.

Vice versa:
In meinem Inneren offenbart sich Gott, und
er ruht dennoch in allem Äußeren.

Omentum majus, das große Netz - in Allem und
um Alles herum.

Außen:
Der Ketzer beschreit vom Babelturm die
untergehende Welt. Gott mit Dir.

Hass, Habgier, Neid, Eifersucht und Dummheit
massakrieren das wollende Sein der Anderen.

Reichtum armt die Gefühle kalt. Schreckt jeden
Raum der Andacht in die Flucht.

Verducktes Schicksal sucht im Gras der Zeit Ruhe, doch spüren die Gotteskrieger immer ihre
Hunde aus.

Innen:
Und es flieht der Gott, der in uns ist.
Erst nach außen, und bald überall zugleich. Nein.

Nein. Außen mag Gott schön sein wie
ein rapsgelbes Feld im Mai.

Doch Innen glimmt demütig das Lichtlein der Ehrfurcht, das meinem Wollen nachtrauert.

Wo ist er?

Woanders

21.12.2012

Die Idee hat eine Ahnung - sie hat noch keine
Form. Es geht um Raum, um seine Normen und
Eigenschaften.

Nachahmung?

Spiegelbild und Hologramm fallen mir ein.
Ein vages Etwas. Doch Eins ist klar:
Mein Raum ist nicht Dein Raum.

"Raum ist Distanz, ein Woanders", reibt mir
der Ringfinger die Augenbraue und ist einverstanden.

Nachahmung, Spiegelbild und
Hologramm brauchen Zeit, und
unbedingt ein Nacheinander.

Ist Raum im Jetzt eine - Projektion?

Projektion heißt ‚nach vorn werfen'
und wäre ohne
Resonanz bedeutungslos, weil unerfahrbar,
weil nix zurückgeworfen wird.

Spiegelbilder verrollen die
Intuition ins tausendfache Bild.

Ja! Resonanz ist gut- heißt
Zurückschwingen. Bedeutet: Ich bin nur dann
mein Raum, wenn er Mich ist und ein Licht,
wenn ich im Ursprung meines Hier
fähig bin, in Reflektion zu scheinen.
Tausendfaches Bild.

Die Idee wundert. Friert.
Harrt in Betrachtung.

Meine Welt (als solche) braucht Zeit.
Resonanz ohne Dauer schwingt nicht,
und Distanz muss dauern.

Aufgetaut schießen stille Bilder
in meinen Kopf vom Geradeeben zum Jetzt.

Und immer ist mein Jetzt
niemals der gleiche Punkt im
Erinnerungsgeflecht aller Bilder.
Das Fakt des Seins schafft Raum und wird zum
Selbstblick, zu einem Hologramm, das nur als
Ahnung meine Gedanken umwandern kann.

"Deine Reise ist nicht meine Reise", sagst Du.
"Der Raum Deines Seins ist woanders", antworte
ich.

Und ich reise mit Dir und lege den Kopf auf Deine Schulter. Hände rufen Dich im See verschlingernder Gedanken, fassen entleertes Denken, wispern leise und treiben uns hölzern an den Strand des Kaumseins.

"Wie klein wir sind!" singt Deine Stille.
Und ich weiß wer Du bist.

Eingeleibt stülpt sich der riesige Raum, der keinem Dritten unsere Zweisamkeit erzählen kann, um uns.

Dein Atem tropft in meinen,
so langsam,
dass jedes Haar
sich
knisternd
in meins rollt.

Aus.

Wenn nichts wäre - nichts existierte außer uns - gäbe es nicht einmal ein Du, das ich sein könnte.

Fenstergucker

22.12.2012

Verträumte Augen schauen in das Sternenklar
des Himmels.

Mein Wille geschehe, also bin ich.

Die Zeit steht still bis zum Morgengrauen
wie die Eisbahnen auf dem Glas über mir.

Kleine Schimmerflecken daneben brechen
den Lichtjahren die Kraft.

Und linksoben am Rand der Scheibe
erahne ich den morschen Griff des Großen Wagens.

Lautlose Ferne in eisiger Nacht
will mir die Nichtigkeit ins Ohr flüstern,
unter meine Decke fahren,
um mich im Diesseits zu umgarnen.

Das Universum hat nur eine Kehre,
schließe ich die Lider, weil ich weiterschlafen
will.

Lyrix stoppt.

23.12.2012

Zeit zollt dem Weg Respekt, und auch alle
hektischen Begebenheiten fordern eine Weite.

Geschwindigkeit braucht Raum, und
Beschleunigung braucht Kraft.

Unendliche Geschwindigkeit braucht unendliche
Kraft zur Beschleunigung.

Die Unendlichkeit ist müde und hat
einfach nicht genug Platz für dieses Spiel.

(Also gut - dann bleiben wir eben unter uns.)

Jeder Weg braucht seine Zeit. Ein Weg
ohne Zeit ist nicht zu gehen.

Ich negiere daher jegliche Gleichzeitigkeit und
lasse den Weg passieren. Der Weg durchquert
den Raum und ist -
dieser Raum sich selbst? - !

Raum. Wahrnehmung von unbegrenzter
Bewegungsfreiheit, in dem allerdings keine Zeit
eine andere sein kann.

Zeit: Wahrnehmung von einem sich ständig

wiederholendem Jetzt.

Verwirrung und ein Wow zum Zweiten - der Mix erkennt sich (Resonanz!) und gibt dem Raum genügend Zeit, sich zu entfalten.

(Den Autor schauderts dreimal, schön gesagt!)

Zeitgleich

01.01.2013

Der Sommerwind herbste mir kalt über die
Schulter. Das war noch längst nicht die Zeit dafür. Schuld hatte das derbe Azorenhoch im Westen mit seinen Isobaren (und kann doch nix dafür).

Vier Monate sind vergangen zum Jetzt, und
Neujahr fegt mit Hagelblitzen übers Land,
schlägt Eichenäste aus den Bäumen auf die
Straßen und in die Gärten.

Schauer tückeln seit Tagen durch die Mauerritzen und wollen den Kerzen das Flackern lernen.
Was für ein vierter Advent das war! Was für ein
windverschneites neues Jahr!

Vier Vollmonde früher fuhren Windhosen
übers Stoppelfeld und legten sorgfältig
Kornreste auf einen Haufen. Bald krachte
dann der schwarze Wolkenbalken nieder.

Ich war auf die Wiese vorgefahren, den
Seitenständer im Sitzen links ausgeklappt.
Der Helm klackerte gegen den Tank,
als ich die Handschuhe reinfummel.

Klacktack höre ich das Motorrad aus der Ferne.
Weizenhalme stummeln unter meinen Stiefeln.
Dreihundert Meter weit gelaufen lachte
mich der Blick nach hinten zur Maschine an.

Maiswände bauen linkerhand gen Westen.
Und Klacktack dann vor windgeschützter Hand.
Was sind dreihundert Meter?
(Luftstöße huscheln am Zigarettenrauch.
Hoffentlich kommt die Hose nicht näher)

Und wieder zurückgeschaut missäugt der Blick
im Kragengriff den dunklen Süden.
Nein - nicht die Böen schaudern meine Haut
gänsrich, sondern mein Ich will sein Woanders.

Der Helm da hinten ist schuld. Der schlenkert
seinen Gurt im Alibi am Lenker. Ich lege meinen
Kopf zur Seite, mache das Dort zum Déjà-vu und
kann dem Wunsch der Phantasie, hier und dort
gleichzeitig zu sein, kaum widerstehen.

Kabumm
knallt die Zeit mir eins vor den Latz - „Ok-ok. -
Ist ja gut. Ich denke das nie wieder".

Platsch.
Böse Prasseltropfen hauen den Staub nass und
zerschneiden das Gedankenband.
Stiefel hasten die Weizenstiele nieder.

Helm. Schlüsselschloss. Handschuhe. Start.

Wir fanden einen Unterstand 6-hundert Meter weiter vorn.

Langsam liest

09.01.2013

Baruch de Spinosa sah im Unteilbaren
das Göttliche. Er trennte für das Verständnis des
Göttlichen das Scheinbare vom Sein.

Trostlose Blicke zum Sternenhimmel
heimeln die Erde für ein Zuhause an.
„Ihr da Sonstwo seid einfach woanders im
Jetzt eines Euren."

Loslassen braucht Weile. Die Seilbahnen
zum Gletscher allen Ferns spötteln
grausam mit dem weiten Ich.

Ich reite die Achtsamkeit im Trab der Zeit,
dabei kreuzen Gesternwege meine Augen
als Momentaufnahmen. Und ich weiß;
wundere mich, was ich all das weiß.

(Der Autor bedauert die Unvollkommenheit des
Gesagten)

Aufbruch

17.01.2013

Ich denke, also bin ich.
"Du denkst, also bist du",
denke ich über mich selbst.

Kann ich denken, wenn ich
nicht über mich nachdächte? Wenn mein
Tun und Handeln ohne Antrieb wären?

Kann ich denken, wenn mein Gedanke
keine Ursache in einem alten hätte? Auf das
aufsetzt, was ich vorher dachte?

Ich lache laut, und mein Freund,
der Zweite Gedanke schaut grau und
malt Kreise in den Sand.

"Was denkst du", frage ich ihn. "Wer du bist?"
Und er legt seinen Geist von gerade über mich
und zeigt mir die Muster kleiner Körner, die er
am Strand der lauen Nacht
für mich aufgeschüttet hat.

Berge steilen über tiefen Schluchten mit Geröll.
Da hinten scheint der Weg versperrt.
Ich klettere hinüber und rolle sanft
die Senke runter.

Kieselsteine, soweit das Auge reicht.
Mein Fortkommen beschwert sich in
der salzigen Januarluft.

"Jetzt nur nicht rütteln. Achtung!" habe ich
Angst, die Wände könnten brechen.
Und weiter in die Kurve vorgetastet ist
der Weg verschüttet. Ich klettere hügelüber
und rolle sanft die Senke runter.

"Steh auf, Mann! Schau dich um!" drückt
die Hand im rechten Ellbogen die Augen hoch,
während die Linke mir sandig durch Gesicht
streift.

Bahnen runden auf verschwommen Kreisen.
Der Zweite Gedanke erhebt sich zum Gestern
und erblickt die Symmetrie der Welt.

Ich folge ihm.

Fieberschlaf

18.01.2013

Bunkerräume mit zahnbefletschten Fratzen.
Tropfende Lefzen bewachen das kauernde Ich.
Und Übelkeit ist über allem.

Grün, Zehntabul.
Gretzschwarz. Nix.
Graubenmaul. Zahnspitz
beugt es sich.

Knisternd schlagen Zähne in meine Knie.

Aufstehen und die Heizung hochgedreht
schmiegt sich die Decke wieder klammernd über
mich.

Heimlich Zehntabul. Grün. Organ.
Org an Neonlicht.

Im Rauschen der Klospülung
klapper ich heimlich,
heimliegend. Heim.

Kellerschlaf mit wehenden Gardinen.
Dunkle Schritte unterm Mond dort draußen
klopfen ans halb geöffnete Fenster.

Dann hausten irgendwann Homunkel in Zahlenschlössern, die mit keiner Anstrengung zu öffnen waren...
Sind das die Wege zur Weisheit?
Ja. Und endlich zweifelt mich der Weg.

„Augen auf!", schlägt träge Ärger meine Augen wach.

Weil ich nicht weiß, warum Schlaf einen schlechten Geschmack, Angst und Verzweiflung haben soll.

Mut

20.01.2013

Selbstlosigkeit. Uneigennützigkeit.
Glanz der Demut. Weggeschaut,
in sich, ohne Stolz mit scheuem Blick.

Lose Münder plappern über den,
der Gutes tut.
Hände falten und preisen diese Anderen.

Böse Zungen spotten der
selbstverliebten Benefakten als
armseliges Geißeltun.

Ja - was jetzt?

Kann Liebe Sünde sein?
Heißt der Impuls vom Hilfegeben Demut?
Gibt Altruismus oder nimmt er?

(Der Autor spricht sich energisch
gegen einen Stil von aufgeworfenen Fragen aus,
die unbeantwortet zu scheinen bleiben. Warum
macht er das dennoch?)

Aus Mitgefühl. Einer Verbundenheit zum
Leben, die nicht der flehenden Blicke
tiefen Leids bedarf.

Denn, wenn Trostlosigkeit eine
Hand aufgelegt bekommt und zwei Seelen sich
berühren, wird das Selbst schwerelos.

Zurücklassen

22.01.2013

Viel Welt zieht die Gedanken zu einem Haufen zusammen, der unfähig ist, sich fortzubewegen.

Worte stammeln die Idee zu einem Bauwerk mit vielen Türen. Hohlgipswände mit ausgedachten Bildern glotzen mich an.
Ich habe das Gebäude betreten mit der Absicht, Worte zu finden, die versagt bleiben.
Stammeln will ich nicht.

Eisenträger zwischen Stahlbeton, verloren.

Geländerlos stapft der Zementgeruch die Treppen hoch ins nächste Stockwerk. Bilder an der Wand zeigen Musterpläne der unteren Etage. Die Räume wandeln hier kleiner daher als dort.

Tapsen hallen, Schuhe rascheln Mörtel in den nächsten Raum.

Am Fensterviereck setze ich mich auf die Bank und schlage die Beine übereinander: „Wie kann ich das sagen, was ich sagen will?", weiß das Hier nicht.

'Exit' grünt zum Treppengang.

Ich nehme den Weg zum Licht nach oben. Stahlkalt schlägt die Tür ins Schloss und lässt den Schall im Inneren verhallen. Blaue Bilder überm Steinmauersims trocknen die Ohren. Das Wubbern ist unten geblieben.

„Was ich sagen wollte..." hebe ich verknittert meine Stimme in ihre Augen. Sie lächelt, nimmt meine Hand in ihre warmen, und die Muse sagt:

„Ich weiß"

Liebe

24.01.2013

Liebe ist unfassbar.
Ist Achtung und ein Zuhören,
bei dem die gesagten Worte
zuweilen ihren Inhalt verlieren.

Liebe ist Vertrauen und
eine Kunst der Wahrheit.

Schmeicheleien lieben nicht, sie
riechen lediglich nach Trug und
x-beinigem Gehabe.
Und Erschöpfung.

Liebe ist Nähe,
die den Dunst des Habens teilt.

Ein Veilchenduft erinnert mich
an Zuversicht. Ist Gärtner,
ohne Eile im Hier.
Und aus dem Herbst wächst Frühling.

Liebe ist eine riesige Blumenwiese.
Münchhausen-Geschichten
maulwürfeln das Gras entlang.

Schreigekiekse mit Blödmann necken,
greifen, stupsen - und

schlagen mit einem Mal
dem Strang eins über.

Wunden lecken dann, mit
Frechgebrüll im meckerbösen
Seitenblick.

Und irgendwann heitert ein
Lächeln in unsere Wangen.

Liebe schmeichelt ohne Worte.

2. Teil

Lyrix' einholende Gedanken

25.01.2013

Der Autor hat hier ohne Umschweife die Klammern weggelassen und ist bereit, Stellung zum Gesagten und zum weiteren Verlauf des Buchs zu nehmen.

Das bisher Geschriebene kürzt die Gedanken bisweilen aufs Kleinste. Sprache prägniert ins Detail und schafft Bilder des Seins im Winter zwölf nach 2013.

Ein roter Faden liegt in der Schneelandschaft, der hin und wieder aufgefunden wurde. Und wie geht's weiter? Ich frage den Autor.

Der sitzt draußen. Bei minus 5 Grad im Schnee. Bläst den Rauch einer Zigarette in die Winternacht, während die Hausschuhe den Schnee von der Terrasse tauen, bis dieser seine Füße einfriert.

Ah - und oh! hat der Autor eine Idee! Und eben noch schön scheint sie mit einem Mal gefährlich. Könnte vielleicht böse enden. Dennoch - also: Beobachter kommentieren fortlaufend die Texte auf den gegenüber liegenden Seiten in diesem Buch.

„Autor - lass das!", gehe ich zurück ins Warme und knalle die Terrassentür ins Schloss.

Da muss ich mir wohl selber meine Gedanken machen. Ich weiß, dass der Verlauf noch einige tiefgründige Hürden nehmen muss (gibt's das - Hürden in tiefem Grund?). Und außerdem weiß ich die Muse an meiner Seite (die hat sich gerade die Fußnägel lackiert und auch geschmunzelt - ich habs genau gespürt!).

Was noch? Die Welt begreifen lernen (der Autor aber auch!).

Kaltkram

26.01.2013

Der Januar duckt im Schneewind unter.
Graue Eminenzen schütten sich aus.
Hochherrschaftlich bewölkern sie aus allen Richtungen die Gehwege, und
Dick- und Dünngestakels halten den Mantel
vorn im Kragen fest.

Kurze Worte verhakeln sich zum Nachbargruß. Frierende Geduld im Himmelgestöber. Ein Handschlag stampft Schneefüße frei und sieht sich demnächst auf festerem Boden wieder.

Im Haus mit Wärme.
Mantelklopfen, Schuhgeschiebe, und "Oah ist das kalt draußen!", schütteln sich.
Lichtschalterklack.
Kleiderbügel.
Schuhschrank.

Noch "viele kalte Tage" spielen die Orakel
des Radios ihre Wettersender.

Schritte schließen die Jalousien kaum dunkler.
Wasserkocherklack. Beuteltee und weiße Tasse.

Ja - die Tage werden länger, aber der Winter scheint sich weiter seine Eiszeit zu nehmen.

„Und am besten mit Honig", setze ich mich.

Löffelklackern.

Ich schalte das Radio aus.

Vom 10.12.2012 wiedergefunden

26.01.2013

Der Mittag zittert im Sonnenschein.
Von tiefem Süden her bedampft der
Kaffee sein Zentralgestirn.

8 Minuten.
Licht mit Kaumwärme.

Viele hunderttausend Kilometer brauchen
8 Minuten.

Lichtgeschwindigkeit braucht Zeit.

Klack feuert meine Zigarette.
Kaffeenebel schluckt ein wenig.

Licht braucht keine Zeit.

Und als der nahe Dampf mit Tabakwolken
in den Himmel steigt,
schlag ich mir auf die Schenkel:
Vice Versa: Licht braucht Zeit, und
Lichtgeschwindigkeit hat keine.

Man - bin ich doof!
(Außerdem würde sonst die gesamte Welt in sich
zusammendonnern)

Landschafts Ruhe

28.01.2013

Geschichte im Kopf.
Schnee knartscht unter den Stiefeln die Straße runter. Fahllaternen kegeln meine Schattenschritte und stöbern das feine Pulver auf.

Dann hängen windlose Lichterbänder ihre Seile durchs Geäst. Mein Gehen stoppt, mit Händen eng im Mantel. Gedämpfter Blick im Straßenlampengrell.

Weiße Striche vor nachtschwarzen Winterwiesen. Und lautlos hängt die Landschaft ihre bitterkalten Wände um mein Alleinsein hier.

Einsam. Einsamkeit? Nein.
Allsam! Allsamkeit legt ihre Matten aus.
Geht die Suche weiter? Ja.

Federweiße Ruhe dreht mein Schuhwerk nach links in die Seitenstraße.

"Wir", fällt mir ein, und mein Gehen schüttelt den Schnee vom Mantel.
"Wir".

„Aber ich weiß nicht, wer WIR sind", stapft der Gang seine Sohlenmuster ins ferne Hundegebell.

Descartes

29.01.2013

Geschichte im Kopf friert heute weniger.

17. Jahrhundert. Das Buch von Verfolgung, Glaube, Kirche, Angst und Macht lenkt die Gedanken.

Und wieder stehe ich unter der Nacht von gestern hier. Tauwetter vergänglicher Flocken heute.

Descartes. Rene Descartes. Lebemann.
Will Vernunft, und versetzt dem Aberglauben einen Stich. Degenfechter und Liebhaber.

Mathematiker und Freidenker. In einer Zeit, in der die Mathematik keinen Lehrstuhl an den Universitäten hatte.

Weicher Matsch vorm Scheinwerfer.
Das Auto watschert seine Kurve links zum Dorf, und ich trete einen Schritt zurück.

Inquisition. Hexenverbrennung. Glaubensbeweis: Wer steinbeschwert untergeht war unschuldig. 1620. Wers glaubt, bleibt selig.

Cartesische Wurzeln, Muster der Logik und der Philosophie. Ordnung des Denkens. Wissenschaft als Prinzip.

Ursache und Wirkung offenbaren Kausalität und verwehren der Mystik das Recht zur Erklärung des Seins, lassen die Kirche im Dorf und die Erde fliegen. Heliozenter et Dominus. Amen.

Und der Raum Gottes ist ein und nur ein Raum, so wie Gott nur ein Gott sein kann.

„Und kein Weg in diesem Raum gleicht einem anderen!", greife ich den Mantelkragen am Hals und ducke mich unter dem Nassgeschneie nach Hause.

Mein Weg ist nicht Dein Weg.
Jeder Meter braucht Zeit,
und jeder Meter zurück
braucht ebenfalls Zeit.

Alle Wege zurück holen ihre Zeit niemals ein. (Descartes ganz frei ausgelegt (und dass er sich auch Gedanken über Gravitation gemacht hat, ist ja nur konsequent))

Lebenslauf

30.01.2013

Vergangenheit blödelt, weil -
was gleich passiert, kann durchaus
eine lustige Begebenheit werden.

Lauernde Freude rätselt im Weißnochnicht,
bohrt sich ein Loch in den Bauch wie eine Idee,
um dann den nächsten Moment anzuspringen.

HalloDaBinIch.
Verspieltes Schauen.
Schämen grämt nicht lange.
Prusten, erst versteckt.
Dann Brustgeklopfe.

Angebereien in riesigen Bildern wie
Gänsefangen und Hühnerwasser trinken.
Halbschuhe im tauenden Bach damals.

Das Jagen bröckelte, und aller gecker
Übermut steckt mit einem Mal fest.

Trauertränen folgen dem kranken Fuß.
Und lustlos tropft der Mut am Geist hinab.
Wunden lecken sich verloren im Geäst.

Wer bin ich, richte ich mich auf und betrachte
den Abdruck meines kalten Gesichts im Schnee.

Das war ich - ein Abdruck.

Das BIN ich - ich ganz allein.

Erde

31.01.2013

Mein Ich wurzelt im Hiersein.

Sind meine Gedanken bei Euch? Sind meine Erfahrungen Eure Erlebnisse? Bin ich einer von all denen, die nicht mein Ich sind?

Nein (und wäre doch gerne einer von Welt).

Mein Ist hält und schaut.

In deine Augen. In deine leere Hand, die vorhin warm in meiner lag.

Ich ahne das Gefühl der Erde, ihre dürren Sträucher im Winter.

Das gelbe Gras unter der tauenden Schneedecke.

Wir sehen uns flüchtig.
Dann bin ich das Reh hinter dem nackten Haselnusshain da hinten. Oder der Maulwurfhügel auf der Wiese linkerhand.

Ein Bussard setzt sich auf die Eichenäste über mir und verschreckt sich meiner Schritte - muss wieder los, schlägt dreimal mit den Flügeln und sucht woanders seine Ruhe.

Ich bin die Pferde auf der Koppel links der Straße hinterm Weidenzaun. Sie sehen mich an, stapfen ihre Hufe auf mich zu und prusten Dampf aus ihren Nüstern.

Wir sehen uns, ein Teil der Welt bist Du.
Ein Teil von mir? Nein.

Das Weltorchester sucht noch eifrig nach der Stimmgabel für einen gemeinsamen Ton.

Dann grenzt sich alles aus, und der Gedanke zerfällt in Mein- und Deinsein.

Nüchternblick.

Aufmerksam.

Nichts

(das Nichts ist des Autors Jammerzweifel)
01.02.2013

Das Nichts ist unvorstellbar.

Descartes beschreibt das Nichts als Vakuum,
das es so nicht geben kann.

Wie auch?

Das Nichts ist folglich ein Null, und
wenn ich den Anteil des Nichts
ermittelte, müsste ich alles, was ist,
durch das Nichts teilen.

Eine Division durch Null ist
mathematisch nicht definiert.
Und eine Division durch eine
Beinahenull ergäbe ein beinahe
unendlich Großes.

Die Ermittlung des Nichts strebt zur
Unendlichkeit, die allerdings kein
Gleichgewicht ermöglicht.
Das Nichts ist somit widerlegt.

Es gibt kein Nichts.
Alles, was existiert, besteht
IN SICH. Und auch ein Übergang

zu einem Null-und-Nichts wird sinnlos.

So kann die Ausdehnung des Universums keine Grenze haben in einem Nichts, das es nie findet.

Jede Suche scheitert am Rand seines Selbst, und jeder Ausblick findet ein unendliches Ausmaß genau dort.

Mit Weile (das Wort lehnt sich dermaßen schön zurück!). Mit einer Zeit, die eine Grenze hat, die eben damit Alles auseinander hält und das Gleichzeitige verhindert.

Einer Weile, die das All streckt und
Eins-nach-dem-anderen möglich macht.

So hat das Nichts keine Zeit und keine Strecke, und straft der Lichtgeschwindigkeit Lügen, die -
selbst zeitlos und immer woanders -
ein meisterlicher Separator ist.

(Der Autor freut sich am Wort 'woanders' und grinst sich eins)

Mikrokosmos

04.02.2013

Der Mikrokosmos gähnt.
Sieht sich in Langeweile und wähnt
sich in einem gleichzeitigen Sein.

Sein Raum ist klein
und scheinbar von unendlichem Maß.
Nein - ja! Aber irgendwie eckig.

Ich packe das Kleinste in ein
Glasröhrchen und stecke
den Pfropfen auf Alles fest zu.

Zweimal geschüttelt und dann warten,
bis sich das Kleinste gesetzt hat.

Unterm Zentillionenmikroskop
analysiere ich die Daten.

Chaosschrecken. Und
Aus! Aus und schachmatt
reiße ich die Augen weg,
weil ich mit einem mal weiß,
dass aus meiner Sicht die tobende Probe
niemals nicht zur Ruhe kommen kann -
weil sich die Zeit im Kleinsten scheinbar
barrierelos verhält.

Zurückgestreckt reiben meine Ringfinger die Lider trocken, recken die Pfoten zum Himmel und harren geduldig ihrem Gähnen.

Also was?.
Der Mikrokosmos hält mich zum Narren. Macht verlockende Angebote, treibt sein unerwartetes Spiel immer wieder, bellt laut - und jedesmal anders. Er ist ein Schelm.

Spiralig exponieren Bilder megaschwerer Kollisionen. Cern schweitzt Gravitonen, doch die Zeit weicht aus.

Schluss! Aus - zieht sie (die Zeit) die Helme von den Köpfen, und zeigt dem (durchaus) klugen Weg die Plancken des Klack.

Klack ist der letzte Ton des Raums. Die letzte Schwingung - Grenze der Resonanz.

Und dann versucht die Anstrengungen noch einmal den Weg ins ewig Kleine, bis alle Dimensionen ihren Unverstand auskotzen, weil die Beobachtung den Schlund des Seins unglaublich reizt.

I-c-h-H-a-b-e-K-e-i-n-e-Z-e-i-t schreit das Kleinste lautlos abgehackt.

(Der Autor bleibt bei diesen Gedanken, die durchaus Wahnsinn hervorrufen können, mittlerweile cool)

Schneeflöckchen

05.02.2013

Das Winterdunkel nimmt kein Ende.

Immer das Gleiche. Triestes kleines Schneegeflocke manchmal. Dann Nieselregen, der den Hut mit Nässe beschämt. Kein Wunder, dass die ein-oder-andere Seele müde wird. Weil - Winter will Schneeberge links und rechts. Oder eiskalte Spaziergänge über zugefrorene Seen.

Holzgraustaksige Wälder grämen in Nebelblässe. Und im Süden nix Neues, nur Südengrau.

An der Hauptstraße:
Endlose Autoschlangen leuchten ihre Augenlichter übers tagdunkle Schneegewirbel.

Stoßgebete spaßen:
Ein Tag nur - na gut, drei wären noch besser - wünsche ich mir, an denen bei
Eiseskälte die Sonne ihr Hellblau präsentiert.

Oder:
...an denen der Blick in die Nacht nur
Sterne funkeln sieht, und unsere Worte vor Kälte zu knistern scheinen.

Erwachen

07.03.2013

Ein Bach von Tönen fließt unter den Fingern in C-Dur, arpeggiohaft in mittlerer Lage. Starkes C in linker Hand bestimmt den Takt, gibt meiner rechten über D ein Moll, um dann ganz dominant zum Grundakkord zurück zu führen.

Und wieder Terzen und Sekunden im Basshammer, darüber dreht die Doppeldominante ihre Kreise.

Und weiter unterschwingt mit einem Mal ein dissonantes H das C, beinahe wehmütig. Der Vogel spreizt die Flügel und stürzt sich mit wohl abgestimmten Schlägen hinunter ins Tal.

Im Bremsflug greifen seine Krallen den dicken Ast, viermal genickt, zur kurzen Rast, die keine Ruhe sein will. Blickt links und rechts, und lässt sich so vermindert weiter fallen.

Unflug. Spannweite sucht Thermik im ängstlichen Segelgleiten. Dann spürt ein Hauch von Frühlingswind die Federn, trägt mit Mühe weiter, ohne jedoch sicher an Höhe gewinnen zu können.

Warten schwebt über winterkahlen Hügeln. Und hoffnungsvoll tauchen Sonnenstrahlen das Graubraun in ein Lichtermeer, wärmen Erde, Luft und Sträucher.

Der Aufwind flattert noch einmal gewaltig, trägt uns dann sicher nach Hause.

C-Dur.

Mittendrin

10.03.2013

Geist erschafft Muster im Kleinsten für die Frage nach dem „Woher". Spiegelgezerre hier. Klanglos. Die scheinbar gemeinsame Zeit wird zur Zerreißprobe für den Weg.

Andererseits bleibt das kosmische Wesen der Welt die vage Beschreibung eines jedweden Objekts, das sich in ihr ausdrückt. Das Muster des Seins will den Weg, und wird durch das Tun bemerkenswert.

Letztlich scheint die Welt nur eine Annahme zu sein und die Vorstellung von Raum reale Illusion. Das Sein ist ein Farbgeruch von Geradeeben und ein scheinbarer Duft von Damals.

Mittendraußen

12.03.2013

„Das wird schwierig", weiß ich.

Überlegungen der Mitte.

Lupenbrille mit verzerrten Rändern.

Erst einmal anders. Und Traurig will am liebsten wegschauen. Weil ich weiß, dass wertschätzendes Entgegenkommen keine menschenhungrige Gier verändern kann. Weil Neidhunger Seelen zerfrisst und bereit ist, alle Andersdenkenden, woran sie auch immer glauben mögen, zurechtzuweisen, ihnen das vermeintlich Gute aufzuzwingen, um sie bei Ungehorsam ohne eigenes Schuldgefühl zur Seite zu werfen.

Eine Welt außerhalb des Miteinanders hat keine Macht. Traurig trennt sich das Ich vom Anderssein und bittet, wen auch immer, um Gnade.

Rückzug also: „Wer nicht glaubt hat keine Feinde". Nee, ein Trugbild (mit steinbeschwerten Leichen im Burggraben).

„Rette dein Leben und glaube!", rufe ich dann dem Scheinheiligen zu. Doch der tut das nicht.

Bleischwere Ruten schlagen Körper ins Blut, und Pfähle pflocken den Widerspenstigen zu Tode.

„Nein! Nein! Warum?"

Und keine gerechte Frage kann keinen Glaubensrichter erweichen. Immer lüstert Macht im eingebildeten Auftrag sonstweden Herrn, der kindgerecht Gehirne wäscht und Denken zur fanatischen Dummheit lenkt. (Dann ist aber auch mal genug mit der Hetzerei, Autor!)

„Ich denke, also bin ich", ist Schnee von heute. Die Freiheit des Geistes wird dennoch tausendfach geköpft. (Der Autor zieht seinen Hut - der kann schließlich nix dafür)

Genug. Ok. Winterblues. Naja, bei dem dunklen Wetter, das seit Wochen sein Zentralgestirn nicht mehr zeigt...

Das ruhige Ich greift ein und sucht die Überlegungen der Mitte, bewundert voller Demut seine Hetzerei von gerade eben, die eine Welt von Hass und Macht und Dummheit aufs schärfste kritisiert.

Und Schweigt in Scham.

Mitte zum Dritten

12.03.2013

Ruhiges Licht. Und nach wiederholtem Lesen bleibt der letzte Eintrag unverändert. Also weiter.

„Das wird schwierig", weiß ich noch einmal.

Die Überlegungen der Mitte ist eine Lupenbrille mit verzerrten Rändern, an denen das Kleinste wie das unvorstellbare Größte ein quirreliges Schattentheater spielt. Und es hat keinen Sinn, den Lupenblick ins Zentrum zu richten, weil sein Huschen lediglich am Rand erscheint und niemals nie gesehen werden kann.

Das Anthropische Prinzip.

So, da steht das jetzt. Mit Mut geschrieben. Ein paar Tastenanschläge für meine Finger - aber ein grausames Vielbild jeden Standortdenkens mit unfassbarem Selbstbezug. (Und der Autor duckt sich dann doch ein wenig und hofft, dass keiner ihm beim Schreiben zugesehen hat)

„Die Sicht auf die Welt ist eine großartige Mittelmäßigkeit", schreibe ich und weiß, dass eine solche Botschaft weder dem Arroganten unter uns noch dem Überbringer gefällt, und ich denke an den Eklat von einst, als die Erde nicht mehr der Mittelpunkt sein sollte. Störrisches Kapitel - ich weiß.

Stille im Kerzenschein macht Halt und senkt die Lider. Die Suche nach dem Selbst bellt nicht. Das stellt bloß Fragen nach einem ‚Warum gerade Ich. Warum hier, und zu dieser Zeit?'. Das Ego kennt sich nunmal selbst als allererste Quelle aller Augenblicke, malt menschgemachte Bilder seines Gewordenseins. Ohren lauschen Geschichten anderer Gefühle. Kultur ordnet, grenzt aus oder schafft Geborgenheit. Das Prinzip, das nur verschämt genannt werden darf, sieht seinen Standort im Jetzt und will keinen gottgleichen Herrscherblick über die Welt.

Das Gemeinste am Prinzip ist das Eingeständnis des Denkens, an einem Ort geballten Seins als ausdrückliches Subjekt zu verweilen - und verweilen zu müssen. Sein Hier-und-Jetzt sucht Auswege aus einem scheinbar nicht hinnehmbarer Hinterhalt, der durch Physik und Mathematik diktiert wird, die - ohne jemals mit meiner Welt Rücksprache gehalten zu haben, Vorgaben präsentieren (Physik oder Mathematik), die - na, wie soll ich sagen ? - ! - mich auf mein Jetztsein reduzieren. (und hier muss der Autor einmal laut lachen, wegen des vermeintlichen Hinterhalts). Und philosophisch weiter: Die Äußerlichkeit hat keinen Ausweg: Raum zum Beispiel hat in meiner Welt die Eigenschafft, sich über einen masselosen (!) Höchstwert zu definieren. Kühlgrausame Wahrheit, diese Lichtgeschwindigkeit.

„Ein Stein macht noch keinen Weltraum", kommt mir in den Sinn. (Der Autor noch mal: Lustiger Gedanke. Und grübel. Ohne Stein kein Raum? Nee: Ohne Raum ein Stein? Aus jetzt!)

Lichtgeschwindigkeit im Großen. Im Ganzen. Im Kleinsten.
Im Quantenkosmos ist ihr Ausdruck (beinahe wie ein ‚Ausweg') die Sprunghaftigkeit, das Unbestimmte, mit fehlendem „Genau da", weil alles Ähnliche kein Muster findet (in was denn?).

Lichtgeschwindigkeit macht Welt - und definiert mein Hier im Jetzt. Unverrückbar. Das Prinzip.

Der Knall

22.03.2013

Ich gehe meinen Weg im
Gedanken an dich.

Tritte reiben ein Knirtsch-Tscha
in den Kies. Dann
Tackda tack auf den Asphalt.
Tackda, gedankenlos.

Meine Schuhe sohlen den
Beat und summen einen Rhythmus.
Ein Lied kommt mir in den Sinn.

Leichter Wind lacht nach Osten:
Der Schnee will nicht mehr, hat
dem März seine Freundschaft gekündigt.

„Zieh Leine, du Kaltbäaar", singe ich
dem Wiesenbeige entgegen.
„Ahiene Osterglocke oder kahiene."

Beine tockern auf fernen Sohlen.
Mein Beat zieht sich zurück. Die Linke
rückt die Mütze aus der Stirn nach oben.
Verstohlene Blicke bleiben stehen.
„Nee!", glaube ich das nicht. Und dann
blinken Augenstrahlen im
ungesagten Du.

Lächeln im Halt, und jeder von uns
klammert seinen Mantel eng.

Die Suche stockt Worte ins Nichts. Betäubt den Winter und erstarrt.

„Die Suche hält ihren Frühling in Deiner Hand", denkt sie mich an. Und Wärme senkt meinen Kopf zur Erde.

„Habe ich dich gefunden?", hebe ich meine Augen viel zu lange in deine. Und die kneifen ein wenig im Winkel. Dann lacht sie los und meint, dass sie jetzt auch nicht anders könne als rot zu werden. Glückschöne Verlegenheiten im Wechselblick.

Ob sie mich noch ein Stück begleiten mag. Ja, sie habe kein Ziel, außer dem Frühling entgegen zu gehen. Und unsere Schuhe reiben leise den gleichen Takt, Seite an Seite.

Darf man seine Muse küssen?

(nur ausnahmsweise)

Wärme

25.03.2013

Deine Nähe ist die Wonne meines Augenblicks, die Hand auf meinem Bauch die Sonne vor den schwarzen Sternenfenstern.

Beine greifen, klammern deine Haut an meinen Rücken, legen Haare über meinen Hals und flüstern warmen Atem an meine Wirbelkörper.

Schamanen knistern meinen Steiß hinunter, windet ihren Zauber ein. Und immer knöcheln Knie oder Zehen, ohne ein Ende zu finden.

Jahre zwirbeln.
Der zeitlose Stern ist unser Glück, endlose Ferne im Jetzt und Nie. Meins ist Dein Sein.

Dann witzeln meine Augenlider Wörter für vergessene Geschichten. Und Hände halten schauende Blicke: „Du! - "

Wollen wachlauernd niemals schlafen. Doch die Nachtsternbilder schäfeln ihre Wolle über uns und immer wieder.

„Du", murmelt sie.

Nachklang

26.03.2013

Weisheit lässt sich nicht erzwingen,
und Musik macht die Welt schön.

Weisheit kommt und geht, und manche Muster
bleiben bestehen.

Melodien im Kopf sphären Bilder von gestern.

Damals ist gestern und will das Morgen ohne Demut.

Ich lausche die Harmonien und
freue mich.

Ausklang

27.03.2013

Das letzte Gedicht kommt so
schlicht daher, dass ich es beinahe
kaum beachtet hätte.

Es rahmt Lyrix zum Ende und erzählt mit
anderen Worten die
Amselgeschichte der ersten Seite.

Und alles wieder- und noch einmal gelesen
schwingt das Gesagte wie Musik.

28.03.2013

Appendix 1

Obacht oder die Kunst, Gedichte
niemals mit einem ‚Manchmal' zu beginnen.

Zuweilen glaube ich, ich sei der
einzige auf der Welt, der einen
Schultergucker hinter sich stehen hat.

Der Schultergucker ist lästig.
Kontrolliert beständig, was man tut -
und gibt dann auch noch
scheinheilige Kommentare von sich.

Sein Atem dringt bisweilen so dicht
an mein Ohr, dass er stinkt.

Seine Wahrheiten sind unlustig.
Er will in seiner Kritik witzig sein,
doch seine Sprache ist
madig und gehässig.

Der Schultergucker ist ein Erbsenzähler.
Gut gemeinte Ratschläge machen das Leben
fahrig, und es verliert seinen Willen.

Sein Wesen ist penetrant. Er weicht
nicht von der Seite. Schlecht gemacht
verhilft er seinem Fadenschein zur Flucht.

Er verzeiht Nachlässigkeiten nur scheinbar und wartet immer auf den Augenblick der Heimzahlung. Er ist ein Dauerquäler.

Der Schultergucker beschreibt die Lebensrolle heimlich in Höhlen (und am liebsten nachts).

Doch irgendwann erwischt man ihn dabei. Dann darf keinesfalls gezögert werden, um ihm dermaßen eins zwischen die Hörner zu schlagen,
dass er strauchelt und benommen am Boden liegen bleibt.

Dann wirft man alle Protokolle schnell ins Fegefeuer, packt den dünnen Mann beim Kragen und schmeißt ihn, ohne die Haustüre zu öffnen, auf die Straße.

Freiheit atmet dann ganz ungeniert.

(Zumindest eine ordentliche Weile lang. Ja - ich weiß - der Schultergucker steht immer wieder auf. Und kaum spürbar liegt irgendwann seine feingliedrige Hand wieder auf meiner Schulter)

29.03.2013

Appendix 2

Bewusstsein

Die Welt ist ein Abbild,
und jedes Lebewesen
mit der Eigenschaft zu
wollen, formt und erlebt
seine Verflechtungen als
ein und sein
ureigenes Gewebe.

„Ich bin", stolzen zwei Worte und
nehmen der Demut
selbstbewusst den Glanz der
Unterwürfigkeit.

Mit einem „Ich will" verfolgt das
Sein ein Vorhaben zum IST.

„Es ist", erkennt der Wille ein Alles.

Amseln erzählen von Dir.

30.03.2013

Appendix 3

Mein

Mein Streben suchte den Weltgeist und fand seine (Un)tiefen extrem selten. Blitzartige Ahnung im Augenblick, bevor die Wimpern das Band herunterklopften.

Ich kenne eine (meine) Welt, die seit meiner Geburt meine Ordnung ist. Eine andere Welt scheint lediglich erahnbar, und jeder (von uns) lebt sich seine eigene Welt.

Ich wundere mich, wie Sein, Wissen und Kultur ‚teilbares Gut' sein können, auch dann, wenn niemand (von uns!) die Frage nach dem Woher und nach dem Warum stellen würde.

Oder. Anders. In dem Sinn etwa, ob das Wissen um die Welt in mir etwas bewirkt, ob mein Tun eine Bedeutung hat, oder ob alles Handeln lediglich eine Selbstdarstellung ist. In mir, und in allem anderen Sein dieser Welt.

Milliarden Galaxien formen meinen Raum ohne Ehrfurcht. Und wenn ich der Erkenntnis des Seins den Rücken kehrte und ohne irgendein Handeln in Dumpfheit vegetierte - wäre mein

SEIN auch - ohne jegliche Erkenntnis - mein IST an meinem Ort.

Von daher scheint mein (subjektives) Sein für Sich eine Bedeutung zu haben, und wäre auch ohne mein Tun eine Darbietung meines Selbst. (ist das so? - gut möglich).

Aber letztlich formt ein Wurm, ein Stein, und gerade das gemeinsames Sein die Welt als solche Und ganz ganz selten zieht sie sich auf einen Punkt zusammen und versprüht eine Aura, die die Schüchternheit vertreibt und das ‚Ich bin' ins Nichts auflöst. Dann ist die Welt sie ‚Selbst'.

Wie auch immer (ich liebe diesen Spruch) ist weder die Erklärung noch die Vermessung der Welt abgeschlossenen, weil sonst alle neuen Erfahrungen lediglich als Inszenierung zu verstehen wären (wer weiß das schon - ein lustiger Gedanke).

Hamburg, 10.06.2013
Laurids Anders

Im BOD Verlag erschienen
Laurids Anders' Reiseerzählung

Ob das mein Motorrad sei, fragt ein rötlicher Backenbart von rechts und sieht mir lächelnd in die Augen. Ja. Es sei eine Kawasaki, und sein strammer Bierbauch schüttelt sich im Erstaunen, dass dies doch keine Zweitackt-Rennmaschine sei.

Nein, die Zeiten seien vorbei, und Kawa baue den Typ seit 1999, und ich meine, die machen ihren Job sehr gut. Ohne Zweifel, antwortet er und sagt dann etwas, was sich vielleicht auf die Königswelle bezieht.

Am Samstag sei ein Fest hier im Dorf. With lifemusic and many acts. Ob ich dann noch in der Gegend sei. Ich möge mal kurz auf seine Sachen aufpassen, die er auf den Brunnenrand legt, und er verschwindet in die nächste Straße.

Dann kommt er mit einer Zeitung wieder, erklärt mir seitenknisternd die Events, kommentiert die Bands, und ich nicke dann am dollsten, wenn ich sein Englisch nicht verstehe. Er reicht mir die Hand, daraufhin die Zeitung und wünscht mir einen schönen Tag. Im Weggehen dreht er sich noch mal um mit der Bitte, vorsichtig zu fahren. Und fort ist er.

Südenglands Ende
© Laurids Anders, 2012
ISBN: 978-3-8482-2608-5